Presented by

東京Lily

グラドル名鑑 2024

天からの贈りもの 愛とI

天木じゅん

Amaki Jun

水着から溢れるボディ、画角から輝きダダ漏れの存在感。二次元ボディ天木じゅんのオーラを包み隠すことなどはできない!!

写真◎佐藤裕之

あわよくばその瞳に
映るのはボクでありたい

キミがいてくれるその場所に
ホットスポットが発生する

「こちらこそありがとうございます♡」

ありがとうございます。生まれてきてくれて！

日常と非日常の一枚

優しさと柔らかさに包まれる

天木じゅん（あまきじゅん）
●1995年10月16日生まれ、兵庫県出身 ●身長149cm、B95cm・W59cm・H93cm ●血液型=A型 ●趣味=サウナ、ゴルフ、麻雀、ポーカー●特技=ダンス、料理、SNSのフォロワー増やし
X（旧Twitter）=@jun_amaki
Instagram=@jun.amaki
TikTok=@jun.amaki
YouTube= 天木ちゅーぶ
●天木じゅんDVD「絶対的二次元恋愛」（徳間書店）絶賛発売中！
スタイリスト ◎ 原めぐみ
ヘアメイク ◎ 花房みなみ

2次元ボディで世界へ羽ばたけ、世界の天木ここにあり！！ VTuber天木純として台湾進出等、マルチに活躍するじゅんちゃん。これからもドキドキさせてね。大好きだよ！

ギンギン騎士推薦！

くり返す万バズの画チカラ
～Gの答え合わせ～

鈴木聖
Suzuki Takara

漫画大好きな聖ちゃん、そんな彼女自身もはや漫画の二次元ヒロイン級！ セルフクリエイトしていくスタイルに脱帽♡

写真◎佐藤裕之

タカラモノが詰まってます♡

少しだけ挑発的？
キミの考えていることが
知りたいんだ～

天つ乙女のご降臨♪

この時間を味わい尽くす

綿密にデザインされた美しさ

鈴木聖（すずきたから）
●2000年7月11日生まれ、千葉県出身 ●身長167cm、B87cm・W57cm・H88cm ●血液型=A型 ●趣味=アニメ、漫画ヲタク、ゲーム、パチスロ ●特技=陸上
X（旧Twitter）=@takara_suzuki
Instagram=@_takara_suzuki_
TikTok=@taapopodeth
YouTube= 鈴木聖の宝ちゃんねる。
●鈴木聖DVD「タカラモノ」（エスデジタル）絶賛発売中！
スタイリスト ◎ 松田亜侑美
ヘアメイク ◎ 森本美智子

あなたも聖ちゃんにめぐり逢えたことが人生の「タカラモノ」になること間違いなし！ 漫画の世界から飛び出したようなスタイルと可愛さ、そして笑顔に魅了されてみませんか？

たかな。推薦！

一輪の花 凛と立つ

高橋凛

Takahashi Rin

タレントや格闘技ビッグマッチのラウンドガールを務めるなど活躍の場を増やす凛ちゃん。それでも真骨頂はグラビア！ ２０２１年「令和の三十路グラドル総選挙」１位以来、年を重ねるごとに洗練されていくスタイルに刮目せよ！

写真◎佐治純一

狂い無い画力。
この表現者としての
感受性の高さよ♡

もう『全部』高橋凛一人でいいんじゃないかな？

澄みきった素肌と贅沢凹凸ボディ

魅力ダダ漏れ！
勇気もリンリン♪

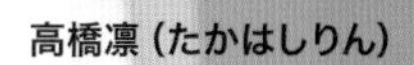

高橋凛（たかはしりん）
●1990年8月9日生まれ、新潟県出身
●身長160cm、B91cm・W58cm・H90cm ●血液型=A型 ●趣味=筋トレ
●特技=似顔絵
X（旧Twitter）=@rin_rin_t
Instagram=@rintakahashi0809
●高橋凛「2人だけの時間〜花火の後に〜」（ギルド）絶賛配信中！
スタイリスト ◎ 松田亜侑美
ヘアメイク ◎ ツジマユミ

進化を遂げたチート級スタイル。容姿端麗と併せて陽気で人懐っこいキャラも魅力。この先どんな挑戦や景色を見せてくれるのだろうか？ 凛さんの活躍を見届けよう！

にゃんひろ推薦！

さきほこる笑顔の花

写真◎佐藤裕之

末梨一花

miri ichika

激撮り瞬く暇なし！

あなたの一言一行
目が離せない

イチカバチかではない。
一旦やると決めたら全力でとことんやり通す、
必ず施行させる意志が一花にはある。

ポップでキュートなのにエモいコ

締まっていて柔らかいカラダ
クールで温いココロ

I want to hear
your voice

前しか見ない　意志　宿る。

末梨一花（みりいちか）
●1999年2月24日生まれ、千葉県出身 ●身長165cm、B100cm・W63cm・H95cm ●趣味=日本舞踊、漫画鑑賞、アニメ鑑賞、ラジオ鑑賞、韓国語の勉強 ●特技=匍匐前進（ほふくぜんしん）
X（旧Twitter）=@IchikaM20st_
Instagram=@ichika__miri
●末梨一花「胸圧エモーション」（ギルド）絶賛配信中！
スタイリスト ◎ 松田亜侑美
ヘアメイク ◎ 矢部恵子

グラドル名鑑に末梨一花ちゃんが帰ってきた!! しかも、ここでしか見られない金髪ショート姿です！ これからは女優業とグラビアの二刀流で活躍する彼女を推しまくりましょー！

モアイ推薦！

写真◎田畑竜三郎

原つむぎ

Hara Tsumugi

Dream Creation

〜正しいカラダを創る〜

癒し系のフェイスに包容力抜群の迫力ボディで令和のグラドル界を席巻する原つむぎちゃん。今年も目が離せません！

そのはにか仕草にやさしさ領域開放

情熱の赤。うちに秘めたる熱き想い

挑発的な視線
その先にある癒し

この瞬間、2024メモリアル
脳に留めるべき最有力候補

原つむぎ（はらつむぎ）

●1998年1月6日生まれ、兵庫県出身 ●身長168cm、B101cm・W64cm・H100cm ●血液型=B型 ●趣味=ダイビング、野球観戦、サウナ ●特技=関西弁翻訳、どこでも寝れる
X（旧Twitter）=@haratsumugi
Instagram=@haratsumugi
TikTok=@haratsumugi
YouTube= 原つむぎのつむちゃんねる
●原つむぎDVD「僕の彼女は可愛い九尾」（サウスキャット）絶賛発売中！
スタイリスト ◎ 松田亜侑美
ヘアメイク ◎ tamago

陽の光がなくても輝きます。

令和グラドル界最強最高ボディを誇る原つむぎちゃん♡ 癒やしのオーラで全てを優しく包み込む関西出身の逸材✨ グラビアはもちろん多方面でも活躍中で今年も目が離せない！

たけちゃん推薦！

『極めて日進月歩』

Perfection Body

和地つかさ

Wachi Tsukasa

身長148cmミニマムボディから溢れる笑顔とバストとエネルギー！　肉体コントロールの某CMで見せつけた引き締まったカラダがここにあり。

写真◎佐治純一

青空とのシナジー効果抜群。
カラダの隅々まで見逃せない

締まっているがゆえ
重力に逆らいつつも
柔らかさそのママに

プライバシーを夢想させる
「お湯になりたい」

物憂げに見つめられる
もう言葉はいらない

和地つかさ（わちつかさ）
●1993年5月13日生まれ、栃木県出身
●身長148cm、B90cm・W62cm・H82cm ●血液型=O型 ●趣味=競輪、飲み歩き、激辛料理 ●特技=着付け、タロット占い
X（旧Twitter）=@tsutam_
Instagram=@tsutam_
TikTok=@tsutam_
YouTube= わっちーちゃんねる
スタイリスト ◎ 松田亜侑美
ヘアメイク ◎ ツジマユミ

最高に可愛くて優しい笑顔と、国宝級の素晴らしいバスト・美しいヒップで心の底から癒してくれます。癒しとセクシーさを兼ね備えた和地さんのグラビアをぜひご覧下さい！

ムツヒロ
推薦！

ぷにぷになぷにたんの触り心地
写真◎田中久之
能美真奈
Noumi Mana
能美真奈ちゃんことぷにたん。佇まい、雰囲気すべてがぷにぷに!? ぷにぷに圧にココロ鷲掴みされること必死！

柔かいんじゃなくて
ぷにぷになの♡

能美真奈（のうみまな）
●1996年6月24日生まれ、石川県出身 ●身長160cm、B110cm・W70cm・H98cm ●血液型=A型 ●趣味=プロレス観戦・特撮・インテリア・ゴルフ・コスプレ ●特技=水泳
X（旧Twitter）=@punitan0624
Instagram=@punitan0624
TikTok=@punitan624
YouTube= ぷにたんチャンネル
●能美真奈DVD「ぷにきゅん。」（スパイスビジュアル）絶賛発売中！
スタイリスト ◎ 松田亜侑美
ヘアメイク ◎ 榎本愛子

きゅん！きゅん！ぷにきゅん！！

皆に癒しを与えてくれる可愛い天使
能美真奈(ぷにたん)

今年の活動も目が離せません！！！

アップルシンフォニー
推薦！

写真◎佐治純一

石井ひなこ Ishii Hinako

piyopiyopiyo

ひなこの可愛さ全開

俺的ナンバーワンのツインテール×スレンダー女子の石井ひなこちゃん。今年はグラビア中心で頑張るそう！好機逸すべからず!!

石井ひなこ（いしいひなこ）
●1998年9月25日生まれ、埼玉県出身 ●身長156cm、B80cm・W60cm・H88cm ●血液型=A型 ●趣味=甘いものを食べること、音楽鑑賞 ●特技=ピアノ、フルート、絶対音感
X（旧Twitter）=@hinakoishii0925
Instagram=@hinakoishii0925
TikTok=@hinako0925
●石井ひなこDVD「ひなわずらい」（竹書房）絶賛発売中！
スタイリスト ◎ 松田亜侑美
ヘアメイク ◎ 角果歩

ひーちゃんからは、幸せ、癒し、元気や頑張る源を貰ってます。ありきたりな言葉だけど、いつもありがとう。これからも、僕の愛方、お姫様でいてね。

こーちゃん推薦！

…TωT　寂しくさせないでね♡

青山天南

Aoyama Tena

青天白日×桜花爛漫

100万ドルであり、シャトーブリアンである90cmのヒップ！　そしてそのボリュームに負けないキュートな笑顔青山天南ちゃんご開帳〜♪

写真◎田中久之

青山天南（あおやまてな）
●1993年10月13日生まれ、兵庫県出身
●身長158cm、B84cm・W62cm・H90cm ●血液型=O型 ●趣味=耳掃除、麻雀、映画鑑賞 ●特技=書道
X（旧Twitter）=@tena_1013
Instagram=@_tena1013
●青山天南（青山泰菜） DVD「アオゾラ」（スパイスビジュアル）絶賛発売中！
スタイリスト ◎ 松田亜侑美
ヘアメイク ◎ 角果歩

小出しにしない全部出す♪

美熟女グラドルの最高到達地点
沢地優佳
sawachi yuka
2021・2023年と週刊SPA!グラビアン魂で史上初の二冠となり、今年写真集を2冊発売予定のグラビアレジェンド。

沢地優佳（さわちゆうか）
●東京都出身 ●身長168cm
沢地優佳ファンクラブ
https://fantia.jp/fanclubs/435506
●沢地優佳DVD「婚外恋愛白書part4」（ギルド）絶賛発売中！

平成、令和と時代を超え、今なお進化し続けるグラビア界の女帝。熟した妖艶さの中にある少女のようなあどけなさと可愛らしさ。沢地優佳の魅力を十二分に感じて下さい。

高野亨
推薦！

これまでも最高
これからはもっと最高

村雨芙美（むらさめふみ）
●2000年7月11日生まれ、東京都出身 ●身長155cm、B89cm・W59cm・H93cm ●血液型=A型 ●趣味=コスプレ ●特技=Illustrator、Photoshop、作字
X（旧Twitter）=@fumi_mrsm
Instagram=@fumi_mrsm
●村雨芙美DVD「いけないことしかいたしません」（アイドルワン）絶賛発売中！
村雨芙美
murasame fumi
「どんなテーマも死ぬまでに全部やり尽くしたい♡」
ミスFLASH2021に応募したことがきっかけで、芸能界デビュー。2023年、念願のファーストDVDをリリース。DVDを出し続け、10作出すことが一つ目標。いろいろやりたいテーマがあり、どんなシチュエーションもできるグラビアアイドルになりたいとのこと。

困り眉がそそる＆しなやかボディ

舞台を中心に役者として活動をしたのち、2022年からグラビアアイドルへ。『ミスヤングアニマル2022』ファイナリスト、『ミスFLASH2023』ファイナリスト。2023年、『週刊プレイボーイ』にて、「竹書房イチ押し！」ブレイクグラドルとして紹介される。

鈴木優愛

suzuki yuua

女優とグラビアの二刀流！ デビューから2年でDVDは既に6枚！ 童顔で可愛くスタイル抜群！ ポージングも見事で、撮影会でも大人気！ いつも全力投球、真面目で明るく元気！

HANA推薦！

鈴木優愛（すずきゆうあ）
●2003年5月4日生まれ、茨城県出身 ●身長153cm、B83cm・W58cm・H85cm ●血液型=B型 ●趣味=舞台観劇、舞台のフライヤーを集めること、ウォーキング、古着屋巡り ●特技=ジャズダンス、水泳、アクション、殺陣
X（旧Twitter）=@yuua_suzuki
Instagram=@s_yuua0504
●鈴木優愛DVD「胸いっぱいの愛」（スパイスビジュアル）絶賛発売中！

涼咲巴七

suzusaki hana

令和最高の尻職人は
キリッとした美貌のお姉さん♡

保育士をしながら、子どもの頃に興味を持った芸能の仕事をやってみようかなと思い、広告や化粧品のモデルを始め、２０２２年グラビアデビュー。大人っぽいルックスで、全身からフェロモンを漂わせるセクシーなお姉さん系グラドル。

涼咲巴七（すずさきはな）
●1995年8月28日生まれ、福島県出身 ●身長163cm、B85cm・W60cm・H98cm
●血液型=O型 ●趣味=旅行、化粧品集め
●特技=ピアノ、水泳、保育士資格・幼稚園教諭・介護福祉士の資格保有
X（旧Twitter）=@suzusaki_hana
●涼咲巴七DVD「満開」（アイドルワン）絶賛発売中！

成瀬結愛

naruse yua

高校生の頃少しだけグラビア活動をしたのち地下アイドルもやっていたという経歴の持ち主。２０２３年待望のグラビアデビュー。将来の夢は、たくさん表紙を飾れるグラビアアイドルになることと写真集を出すこと！『ミスＦＬＡＳＨ２０２４』ファイナリスト。

成瀬結愛（なるせゆあ）
●1998年6月7日生まれ、埼玉県出身 ●身長149cm、B81cm・W62cm・H83cm ●血液型=O型 ●趣味=可愛い女の子を見つけること ●特技=手を使わず寄り目できること
X（旧Twitter）=@yua__naruse
Instagram=@yua_naruse
●成瀬結愛DVD「Your Love」（竹書房）絶賛発売中！

149センチミニマムボディーとハスキーボイスのギャップ萌え

江里口さよ

eriguchi sayo

楚々としたルックスに
柔らかFカップの白玉ボディ♡

『ミスヤングアニマル2023』ファイナルまで進出した期待の新人グラドル。バスト90センチ豊満で抜群のスタイルを誇る。「将来は海外で働きたいです。そのために語学勉強をしています。海外でグラビア撮影をできたら、かっこいいですね。」

笑顔になると少しあどけなさが残る端正な顔立ち。その下に色白でむっちりとした体つきの「白玉バディ」！ 綺麗な「人」の文字を描くバストラインはまさに芸術品です。

かめのすけ
推薦！

江里口さよ（えりぐちさよ）
●1998年3月29日生まれ、茨城県出身 ●身長155cm、B90cm・W59cm・H93cm ●血液型=A型 ●趣味=海外旅行、映画鑑賞、チョコレート屋巡り ●特技=タイピング、リコーダー
X（旧Twitter）=@saesssyan
Instagram=@eriguchisayo
●江里口さよDVD「呼び捨てでいいよ」（竹書房）絶賛発売中！

村上りいな

murakami riina

大学在学中にスカウトされたことがきっかけで、芸能界デビュー。主に撮影モデルやグラビアアイドルとして活動。2020年、オーディションを経てダンスボーカルユニット「フラミングの法則」のメンバーに選出。「フラミングの法則」解散後はフリーランスで活動中。

透き通るような柔肌と愛嬌のある表情が何ともキュート

こんなかわいくてセクシーな子が、栄養士でお料理も上手で、ってサイコーじゃないですか!? まだまだ成長中のロリセクシーりいなちゃんから目が離せません!

いけたく推薦!

村上りいな(むらかみりいな)
●1994年11月26日生まれ、千葉県出身 ●身長153cm、B80cm・W61cm・H80cm ●血液型=O型 ●趣味=歌うこと、映画鑑賞、台湾祭り巡り、中国語の勉強、かわいいもの集め ●特技=体が柔らかいこと、料理(栄養士資格あり)
X(旧Twitter)=@riina1126_ryry
Instagram=@riina_murakami
●村上りいなDVD「りいな様に溺愛されて困ってます」(エアーコントロール)絶賛発売中!

高校卒業後に上京して芸能活動をスタート。アイドル志望も、グラビアの方が絶対向いていると思い、2022年グラビアデビュー。ダイナマイトボディーで注目を集め、特にヒップの肉感は圧倒的で、「令和のお尻姫」「新時代のデカ尻クイーン」の呼び声も高い。

クリクリ瞳と肉厚ヒップは愛らしさ暴走中

夏崎りか（なつさきりか）
●1998年7月30日生まれ、北海道出身 ●身長160cm、B86cm・W63cm・H89cm ●血液型=AB型 ●趣味=コスプレ、アニメ・漫画・映画鑑賞、アイドル、UFOキャッチャー ●特技=ギター、フラフープ、長距離走
X（旧Twitter）=@natsusaki_rika
Instagram=@natsusaki_rika
●夏崎りかDVD「誘惑のりか」（竹書房）絶賛発売中！

紅羽祐美

Kureha yumi

2021年1stDVDを発売。同年『第4回ミス週刊実話WJガールオーディション』にて特別賞を受賞。2023年、週刊プレイボーイ創刊57周年企画「NIPPONグラドル57人」にグラビアニュージェネレーションの1人として掲載。DJデビューも果たす。

令和のM字クイーン降臨！
色白素肌から醸す
大人のエロス

紅羽祐美（くれはゆみ）
●1992年9月29日生まれ、山形県出身
●身長163cm、B86cm・W56cm・H80cm ●血液型=O型 ●趣味=ジム、スポーツ ●特技=体が柔らかいこと
X（旧Twitter）=@kure_yumi
Instagram=@kure_yumi
●紅羽祐美DVD「Mの女王」（竹書房）絶賛発売中！

美月絢音

mitsuki ayane

コスプレ好きがこうじて撮影会に参加したことで、2020年スカウトされデビュー。2022年『週刊プレイボーイ』の企画「次世代グラドルクビレ番付2022年夏場所」にて、「西の関脇」に選出。

引き締まったヒップと長い手脚 透明感あふれる美しさ

彼女のグラビアのイメージは"白"。昔、優等生の女の子に持った初恋の色。時が経ち、白い面積は広がりつづけている。彼女を見てると"真っ白い"気持ちに戻してくれる。

ミツルウエスト推薦！

美月絢音（みつきあやね）
●1997年7月16日生まれ、岐阜県出身 ●身長156cm、B84cm・W59cm・H92cm ●血液型=O型 ●趣味=そば（愛猫）と遊ぶこと、お酒 ●特技=体が柔らかいこと
X（旧Twitter）=@ayanemitsuki_
Instagram=@ayanemitsuki_
●美月絢音DVD「魔法をかけて」（竹書房）絶賛発売中！

高校生の頃スカウトされ地下アイドルとしてデビュー。その後美容学校に進学し、卒業を機に上京。25歳を機に美容系の仕事を辞め、グラビアアイドル活動をスタート。

色白×スレンダーボディー×童顔美女
＝過激グラビアで魅了♡

坂元誉梨

sakamoto yori

坂元誉梨さんはDVDでグラドルの心構えを伝える後輩の道標となり、開脚パッケージやリングなど斬新な衣装でグラビアの新たな可能性を開拓する女神です。初舞台で熱演。

久0529
推薦！

坂元誉梨（さかもとより）
●1994年7月23日生まれ、宮城県出身 ●身長167cm、B85cm・W59cm・H89cm ●血液型=型 ●趣味=読書、ピアノ ●特技=まつげエクステ施術、美容師免許、自動二輪免許
X（旧Twitter）=@YoriSakamoto
Instagram=@sakamotoyori
●坂元誉梨DVD「妄想日和」（双葉社）絶賛発売中！

小日向結衣

kohinata yui

小日向結衣（こひなたゆい）
●1994年3月22日生まれ、神奈川県出身 ●身長158cm、B86cm・W56cm・H84cm ●血液型＝O型 ●趣味＝お寺巡り、お菓子作り、読書 ●特技＝ギター
X（旧Twitter）＝@kohinataaa03
Instagram＝@kohinatayui_
●小日向結衣DVD「妹離れができません」（スパイスビジュアル）絶賛発売中！

2014年にスカウトされグラビアデビュー。2016年に1stDVDをリリース。グラビアアイドル、DJなどマルチに活動。

小悪魔的な可愛さとグラドル界屈指の「絶妙ボディー」

浅川まりな（あさかわまりな）
●2000年11月29日生まれ、群馬県出身 ●身長168cm、B91cm・W64cm・H97cm ●血液型=O型 ●趣味=映画鑑賞 ●特技=日本舞踊
X（旧Twitter）=@asakawa_marina
Instagram=@asakawa_marina
TikTok=@asakawa_marina
YouTube= 浅川まりなにハマりな!!
●浅川まりなDVD「πについて」（スパイスビジュアル）絶賛発売中！
浅川まりな
asakawa marina
『ミスヤングチャンピオン2021』準グランプリ受賞。準グランプリに選ばれたことをきっかけに本格的にグラドルとして活動。
ふわふわもちもち
甘〜い、甘やかされボディー♡
飾らぬ人柄、こころ癒やされ
絵画の曲線、こころみだされ
魅惑の眼差し、こころ奪われ
みなが恋する、浅川まりな
みなで推したい、浅川まりな
ペペロンチーノ推薦！

キュートなヒップに健康的ボディー 超絶美少女系グラドル！

早稲田大学在学中に撮影会での活動をスタートし、人気モデルとなりスカウトされ事務所に所属。保育士免許を活かし就職するも両立が難しく、悩んだ末退職してグラビアデビュー。2023年週刊プレイボーイ創刊57周年企画「NIPPONグラドル57人」にグラビアニュージェネレーションの1人として掲載。

波崎天結

hazaki ayu

波崎天結（はざきあゆ）
●2000年10月18日生まれ、東京都出身
●身長166cm、B84cm・W57cm・H87cm ●血液型=A型 ●趣味=サンリオ、少女漫画、アニメ
X（旧Twitter）=@ayu_hazaki
Instagram=@ayu_photo_18
TikTok=@ayu_photo_18
YouTube= あゆるーむ【波崎天結】
●波崎天結DVD「恋するハザキさん」（スパイスビジュアル）絶賛発売中！

夏が似合う。むしろ彼女の存在自体が夏！「令和の美脚クイーン」は多彩なポージングに豊かな表情。一度会ったら彼女の虜。何度会っても飽き（秋）が来ない！

けい推薦！

バレーボールで鍛えた美少女
むちむちの太ももとお尻で勝負！

桜羽のえ

sakuraba noe

進学のために上京してきたところ街でスカウトされグラビアデビュー。「周りを笑顔にしたり、心を動かすことができるような人になりたいと思っています。今後、芸能のお仕事はグラビアだけでなく、もっとたくさんのことにチャレンジしてきたいです！」

桜羽のえ（さくらばのえ）
●2005年3月2日生まれ、北海道出身
●身長163cm、B81cm・W63cm・H89cm ●趣味＝睡眠、料理 ●特技＝バレーボール
X（旧Twitter）＝@noe_sakuraba
●桜羽のえDVD「ピュア・スマイル」（竹書房）絶賛発売中！

水那しおね

mizuna sione

柔らかくてぷにぷに♡
ちょっぴりエッチなメリハリボディー

フリーで活動をしていたところ撮影会でスカウトされ２０２２年グラビアデビュー。２０２３年デジタル写真集のリリースに伴い、週刊プレイボーイでグラビア掲載され本格的にグラビア活動を開始。コスプレイヤーとしても活躍中。

水那しおね（みずなしおね）
●8月23日生まれ、東京都出身 ●身長162cm、B85cm・W60cm・H90cm ●血液型=A型 ●趣味=アニメ鑑賞、お風呂に入ること ●特技=柔軟、書道
X（旧Twitter）=@mizuna_cos
Instagram=@mizuna_cos
●水那しおねDVD「初恋レッスン」（竹書房）絶賛発売中！

2018年アイドルグループCOLOR'zのメンバーとしてデビュー。2022年グループを卒業するも2023年に再加入。担当カラーも変わらずホワイトのまま。多くのステージをこなしながらグラビアでも文句なしの可愛さを誇る正統派！

風愛ことり

kazame kotori

57センチ驚異のくびれボディ まん丸Eカップバスト

風愛ことり（かざめことり）
●1997年3月23日生まれ、大阪府出身
●身長156cm、B89cm・W57cm・H88cm ●血液型=A型 ●趣味=旅行
●特技=アフレコ
X（旧Twitter）=@kotori_kazame
Instagram=@kotori_kazame03
TikTok=@kotori_kazame
●風愛ことりDVD「合宿デート」（スパイスビジュアル）絶賛発売中！

風愛ことりさんはアイドルとグラビアの二刀流です。かっこよさと可愛いさで、とてもファン思いで行動力があります。ことりさんのこれからの飛躍と活躍を応援しています。

こーた推薦！

鳥海かう

toriumi kau

美少女フェイスにメガトンヒップ コスプレイヤー兼グラドル！

鳥海かう（とりうみかう）
●12月17日生まれ、千葉県出身 ●身長158cm、B85cm・W65cm・H97cm ●血液型=A型 ●趣味=漫画、ゲーム、コスプレ ●特技=タイピング
X（旧Twitter）=@kau_toriumi
Instagram=@kau_toriumi
●鳥海かうDVD「かうんたーぱんち」（エアーコントロール）絶賛発売中！

高校生の時にコスプレイヤーさんの写真を見て自分もやってみたいと思ったのがきっかけで、コスプレイヤーへ。コスプレイヤーとしてイベントやプロジェクトを盛り上げ、グラビアアイドルとしてDVDや雑誌で活躍中！

紫月なな

Shizuki nana

恥ずかしそうな笑顔♪
むっちりボディーの癒し系

紫月なな（しづきなな）
●1998年7月17日生まれ、埼玉県出身 ●身長160cm、B92cm・W64cm・H88cm ●血液型=O型 ●趣味=コスプレ、競艇●特技=書道
X（旧Twitter）=@nanachi_717
Instagram=@shizuki_7chan
●紫月ななDVD「ナナイロデイズ」（スパイスビジュアル）絶賛発売中！

コスプレをして撮影会に参加するようになり、個人的に写真集などを出していたらスカウトされグラビアデビュー。介護の仕事をしながらグラビア活動をしている異色の大注目アイドル！

神楽坂茜

kagurazaka akane

お芝居の世界に興味があり芸能界デビュー。「ミスFLASH2022」ファイナリスト。2023年、特撮シリーズ「太陽の戦士レオーナSEASONⅡ 史上最悪の強敵襲来！」に出演し、演技でも実力を発揮！

愛くるしい眼差
胸元のホクロがそそる
超ベッピンお姉さん

可愛さと圧倒的な表現力を兼ね備えた唯一無二の美人。映像作品では卓越した演技力で魅了してくれます。たくさんの方に愛されるべき魅力あふれる最高の推しです。

lowlight
推薦！

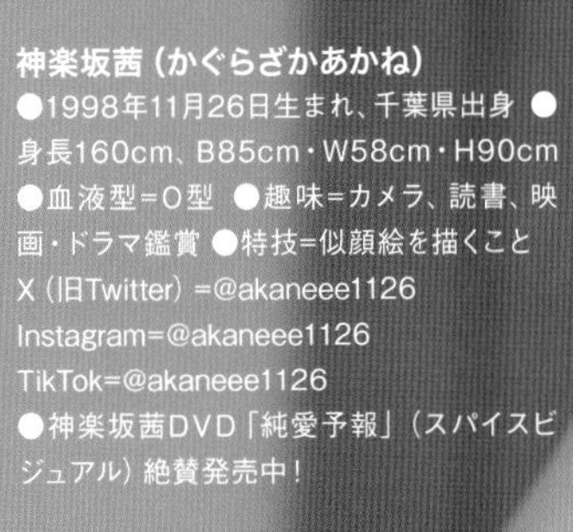

神楽坂茜（かぐらざかあかね）
●1998年11月26日生まれ、千葉県出身 ●身長160cm、B85cm・W58cm・H90cm ●血液型=O型 ●趣味=カメラ、読書、映画・ドラマ鑑賞 ●特技=似顔絵を描くこと
X（旧Twitter）=@akaneee1126
Instagram=@akaneee1126
TikTok=@akaneee1126
●神楽坂茜DVD「純愛予報」（スパイスビジュアル）絶賛発売中！

ぺろねこ

peroneko

高校生の頃からコスプレイヤーとして活動。撮影会をきっかけに20歳からグラビアに進出。講談社主催のオーディション「ミスiD2021」で表現家賞を受賞。コミケやコスホリでも注目のエクストリームコスプレイヤー。

あどけない笑顔に
柔らかメリハリボディ♡

ぺろねこ（ぺろねこ）
●1998年8月3日生まれ、東京都出身 ●身長156cm、B86cm・W65cm・H91cm ●血液型=B型 ●趣味=絵を描くこと、フルート、ロードバイク、コスプレ、FPSゲーム ●特技=似顔絵
X（旧Twitter）=@yumeneko83
●ぺろねこDVD「おしえて！ぺろ先生」（スパイスビジュアル）絶賛発売中！

鳥住奈央

torizumi nao

鳥住奈央（とりずみなお）
●1995年2月13日生まれ、東京都出身 ●身長158cm・B110cm・W60cm・H90cm ●血液型=A型 ●趣味=神社巡り、ゴルフ、占い、ヨガ●特技=I字バランス、タロット占い、ソープカービング
X（旧Twitter）=@naotori0213
Instagram=@naaaaotan
●鳥住奈央DVD「好きをもう一度」（竹書房）絶賛発売中！

通っていたクラシックバレエの校長先生の勧めで芸能界デビュー。5人組グループ「FANTASTic*VISION」の元メンバー。17代目ミニスカポリスとしての活動を経てグラドルとして活躍！ 圧巻のバストは110センチ。

圧巻のバストは110センチ ココロもカラダも包まれたい！

河合はるか

kawai haruka

キュートなルックスに大きなお尻♡「日本一の色白姫」

高校2年生の頃マイナス35キロのダイエットに成功。痩せた瞬間TikTokで活動を始める。昔からグラビアアイドルに憧れがあり、現役美大生グラドルとして活躍中。

河合はるか（かわいはるか）
●2003年6月3日生まれ、東京都出身 ●身長166cm、B84cm・W58cm・H96cm ●血液型=B 型 ●趣味=アニメ鑑賞、ラーメン屋開拓、ドール着せ替え、絵を描くこと ●特技=料理、ピアノ弾き語り
X（旧Twitter）=@kawai__haruka
Instagram=@kawai__haruka
TikTok=@harurutonchiki
●河合はるかDVD「かわいい関係」（スパイスビジュアル）絶賛発売中！

天音りさ

amane risa

すべすべ美肌と
たわわな美バスト
Hカップの女神♡

天音りさ（あまねりさ）
●5月27日生まれ、非公開 ●身長161cm、B98cm・W65cm・H96cm ●血液型=B型 ●趣味=サウナ、旅行 ●特技=編集、長時間話すこと
X（旧Twitter）=@_amane_risa
●天音りさDVD「ミルキー・グラマー」（竹書房）絶賛発売中！

アイドルに挑戦しようとオーディションを受けたのがきっかけで芸能界デビュー。アイドル時代にできたファンに『グラビア向いてそう！』と言われ、自分でも興味を持ちグラドルに転身。「面白いことが好きなので、バラエティーにも挑戦したいです！」

憑依系グラドル！ いろいろな役柄に成り切る演技力！ 初対面でも仲良くなれるトーク力！ ぜひ撮影会、イベントに参加して体験してください！ いつの間にかチェキ撮ってますよ！

よしはろ推薦！

鈴原りこ

suzuhara riko

変わらないものがある！ピュアで可憐な笑顔

スカウトされて芸能界デビュー。現役介護士、グラドルの二刀流。『週刊プレイボーイ』純朴番付2019年夏場所にて、東の関脇に選出。ミスジェニック2020で4位。2022年、新たなことに挑戦したいという思いから初ヌード写真集を発表！

鈴原りこ（すずはらりこ）
●1992年6月27日生まれ、山形県出身 ●身長159cm、B85cm・W60cm・H86cm ●血液型=O型 ●趣味=散歩、ライブ鑑賞、料理、ラーメン店巡り ●特技=トランペット
X（旧Twitter）=@suzuhara_riko
Instagram=@suzuhara_riko
TikTok=@suzuhara_riko
YouTube=【鈴原りこ】りこぴんちゃんねる
●鈴原りこDVD「ハレンチ婚前旅行」（スパイスビジュアル）絶賛発売中！

仲根なのか

nakane nanoka

仲根なのか（なかねなのか）
●2001年7月7日生まれ、茨城県出身 ●身長154cm、B95cm・W58cm・H88cm ●血液型=A型 ●趣味=サウナ ●特技=アクロバット
X（旧Twitter）=@NakaneNanoka
Instagram=@nakane_nanoka
TikTok=@nakanenanoka
●仲根なのか2024カレンダー（らんくう）絶賛発売中!

妹感溢れる愛くるしさはそのままに大人の色気が加わった大迫力のＩカップ！

地下アイドルとして悩んでいるときにスカウトされ、２０２１年グラビアデビュー。『ヤンチャンベスト２０２１オーディション』でグランプリを受賞。『超次世代グラドルボイン番付２０２１年秋場所』にて、「西の横綱」に選出。２０２３年４代目サンスポＧｏＧｏクイーングランプリを受賞。

広田望愛

hirota noa

眩しすぎる笑顔と大胆ボディー
圧倒的な存在感♡

幼い頃からモデル、タレント、ダンサーとしても活動。ダンススクールに通っていたところ声をかけられ、現役高校生だった2022年にグラビアデビュー。「ミスマガジン2022」ベスト16に選出。

広田望愛（ひろたのあ）
●2005年3月18日生まれ、東京都出身 ●身長156cm、B90cm・W65cm・H87cm ●血液型=B型 ●趣味=音楽鑑賞、読書●特技=ダンス、アクロバット
X（旧Twitter）=@NoaHirota
Instagram=@noa_hirota
TikTok=@noa_hirota
●広田望愛DVD「ピュア・スマイル」（竹書房）絶賛発売中！

甘妻里菜

amatsuma rina

磨きの掛かった高身長ボディー
清楚系美人女優は
色っぽく魅・せ・る

2016年ミスユニバース東京 ファイナリストHOTSTEP賞 受賞。ドラマ、映画、舞台など女優として活躍し2022年待望のグラビアデビュー。

甘妻里菜（あまつまりな）
●1990年4月14日生まれ、徳島県出身 ●身長168cm、B84cm・W60cm・H86cm ●血液型=AB型 ●趣味=登山、写真撮影、ボクササイズ、ガンダムプラモデル ●特技=水泳(背泳ぎ)、高速まばたき、着物の着付け
X（旧Twitter）=@rina_amatsuma
●甘妻里菜DVD「蜜愛」（竹書房）絶賛発売中！

伊藤しずな

ito shizuna

お嬢様系色白ドールフェイスの甘い声にとろけるガチ恋勢多数♡

ＳＮＳからのスカウトがきっかけでグラビアデビュー。『ミスｉＤ２０２２』ネクストグラビアクイーン賞受賞。声優も目指す自称「メンブレグラドル声優」。

伊藤しずな（いとうしずな）
●1999年5月17日生まれ、東京都出身 ●身長167cm、B92cm・W63cm・H96cm ●血液型=A型 ●趣味=アニメ鑑賞、漫画を読むこと ●特技=ピアノ、水泳
X（旧Twitter）=@itoh_shizuna
Instagram=@shizuna_morishima
●伊藤しずな写真集「NOIR GIRL LUMIERE」（サイゾー）絶賛発売中！

天使のような笑顔と声
形の良いHカップのバスト
張りのある大きなヒップ
すべてが魅力的な伊藤しずなさん
その輝きは
美しき魂から溢れ出している

しゅうじ推薦！

やしろじゅり。

yashiro juri

まんまるバストと困り眉
守ってあげなきゃね～女子♪

「今はまだグラビアの活動を一生懸命頑張っている段階ですけど…、いずれ〝脱げる歌手〟が目標です！」歌うことが大好きな、年々成長中という天然Iカップが魅力的な19歳のグラビアアイドルに期待値◎

いい子そうな子よりも髪色特徴的イイ娘。高い社交性＆行動力に溢れ、ファンを楽しませる努力は一生懸命！ 明確な目標を持ち色々逞しい。感受性豊か繊細なので優しく愛でて♪

沙悟浄悟@スミ推薦！

やしろじゅり。（やしろじゅり）
●2003年12月9日生まれ、京都府出身 ●身長158cm、B97cm・W62cm・H97cm ●血液型=AB型 ●趣味=歌うこと ●特技=屋台の射的
X（旧Twitter）=@juridayo_1209
Instagram=@yashirojuri_
●やしろじゅり。DVD「いんふるえんさ」（エアーコントロール）絶賛発売中！

極上スレンダーボディの
才色兼備はお好きですか？

宇佐美彩乃

usami ayano

宇佐美彩乃（うさみあやの）
●1996年12月24日生まれ、長崎県出身 ●身長163cm、B85cm・W58cm・H90cm
●血液型=A型 ●趣味=踊ること、歌うこと
●特技=ボールペン画、卓球
X（旧Twitter）=@ayanon_usami
Instagram=ayanon_usami1224
TikTok=ayanon_usami1224
●宇佐美彩乃DVD「時間を止めて」（エアーコントロール）4月発売予定！

長崎の国立大学に通いながらご当地アイドルとして活躍した後、本格的に芸能活動をスタート。女優として数々のドラマに出演。2023年アーティストのMVに出演し注目を集め待望のグラビアデビュー。

大学時代は地元長崎のアイドルとしてライブハウスを沸かせた彩乃さん。全国で活躍する女優を目指す姿と、グラビアアイドルとして魅せる意外な一面にも注目です。

おかだたかひろ推薦！

藤乃あおい

Fujino Aoi

バイト先でスカウトされ2020年7月にグラビアデビュー。『グラビア・オブ・ザ・イヤー2021』でグランプリを受賞。2023年闘病を発表。「必ず水着でまた会いに来ます」と言うあおいちゃんを、待つ!!

I'll be waiting here.

バスト100センチの
ダイナマイトBODYと
超美形なルックスで
魅了し続けているのです！

もう一度この微笑みが見れるのなら
君を待ち続ける
必ず戻ってくる君を

藤乃あおい（ふじのあおい）
●1998年9月29日生まれ、石川県出身 ●身長158cm、B100cm・W62cm・H85cm ●血液型=B型 ●趣味=ゲーム、車の運転（ドライブ） ●特技=イラストの模写、書道（四段）、バドミントン
X（旧Twitter）=@Fujino_Aoi
●藤乃あおいDVD「最愛エピソード」（イーネット・フロンティア）絶賛発売中！

加賀百万石バストの最強ビジュを見よ！

弾ける豊満な本気のH

大人しそうなのに隠しきれない豊満ボディの持ち主…。クラスでなんか気になってチラ見しちゃうあの娘的な夏佳しおちゃん♡　運動は苦手だけどゲーム大好き♡

夏佳しお

Natsuka Sio

写真◎田中久之

夏佳しお（なつかしお）
●1999年7月24日生まれ、千葉県出身
●身長155cm、B100cm・W62cm・H98cm ●血液型=B型 ●趣味=ゲーム
●特技=人の声で身長をあてる
X（旧Twitter）=@natsuka_shio
Instagram=@natsuka_shio
●夏佳しおDVD「やっかいな地味巨乳」（エアーコントロール）絶賛発売中！
スタイリスト ◎ 松田亜侑美
ヘアメイク ◎ 角果歩

100センチのHカップグラマラスボディー
「バストは左右非対称！左の方が大きいの♡」

1月の1stDVDに始まり昨年だけで3枚をリリース♪ 今年も2月27日に「やっかいな地味巨乳」を発表。しおさんのHカップ爆乳の勢いは2024年もノンストップです。

いつき 守 推薦！

永瀬永茉 Nagase Ema

幼さ残る顔に不釣り合いな爆乳のギャップが魅力の永瀬永茉ちゃん。「陰キャで淫キャなロリお姉さん♡　最近Iカップになりました！」

写真◎田畑竜三郎

A dazzling aura
ボリューム満タン♪

永瀬永茉（ながせえま）
●1998年8月8日生まれ、東京都出身 ●身長160cm、B100cm・W63cm・H100cm ●血液型=O型 ●趣味=動物と触れ合うこと、美味しいものを食べること、インドア、細かい作業 ●特技=手を肩の後ろに回すこと
X（旧Twitter）=@nagase_ema
Instagram=@nagase_ema
●永瀬永茉DVD「いい子になったよ?」（竹書房）絶賛発売中!
スタイリスト ◎ 松田亜侑美
ヘアメイク ◎ tamago

小さいけど TAOYAKA BODY

雨宮留菜

AMEMIYA LUNA

小柄ながらJカップのたおやかボディを露出度の高い衣装でギリギリ包み込む！ 陽気でキャパが広い雨宮留菜ちゃん、コスプレイヤーや女子プロレスラーとしてもマルチに活躍中。

写真◎田中久之

隠す必要がなし！
露出限界最前線はこちら

雨宮留菜（あめみやるな）
●1993年7月14日生まれ、大阪府出身 ●身長143cm、B97cm・W60cm・H85cm ●血液型=AB型 ●趣味=プロレス観戦、食べること、動物全般、パチンコ ●特技=ピアノ、胸筋を動かす、ベンチプレス80キロ、スポーツ全般(テニス、ビリヤード)、なんでも食べれる
X（旧Twitter）=@amemiyaluna
Instagram=@amemiyaluna
YouTube= るなしゅんちゃんねる
●雨宮留菜DVD「無法痴帯」（スパイスビジュアル）絶賛発売中！
スタイリスト ◎ 松田亜侑美
ヘアメイク ◎ 榎本愛子

新田ゆう

Nitta Yu

「日本グラビアクイーンコンテスト」グランプリは伊達じゃない、9・5等身×股下87cmの超絶スタイル！　しかも女優やタレントはじめ薬学を学ぶ現役大学院生の顔も持つオールラウンダー。

研究が大好きな薬学大学院生はとってもイイ薬♥

写真◎田畑竜三郎

あなたの滑らかラインを滑りたい

にっちゃんの微笑みが好き♡

シャープでいて柔らかし
脚線美にチューシ♪

新田ゆう（にったゆう）
●1994年10月18日生まれ、神奈川県出身 ●身長172cm、B92cm・W58cm・H92cm ●血液型=A型 ●趣味=野球観戦（横浜DeNAベイスターズファン）、海外旅行、映画鑑賞 ●特技=競馬、麻雀
X（旧Twitter）=@Yuu_nitta1018
Instagram=@Yuu_nitta1018
●新田ゆうDVD「I Teach You」（ラインコミュニケーションズ）絶賛発売中！
スタイリスト ◎ 松田亜侑美
ヘアメイク ◎ tamago

超絶スタイル新田ゆうちゃん、笑顔も性格もスタイルも最高だから、ずっとずっと大好き推し続けます！

にっちゃんに夢中！推薦！

一枚に残すべき
美美しく端麗なフォルム

夏来唯

Natsuki Yui

2024年に20作目のイメージDVDをリリースし、大人の色気とグラマラスな肢体の魅力を届け続けている！　その大人カッコ良さそのままに女優としても活躍中。

ココロを震わすフォルム

Kokorowo Furuwasu Form

写真◎高橋慶佑

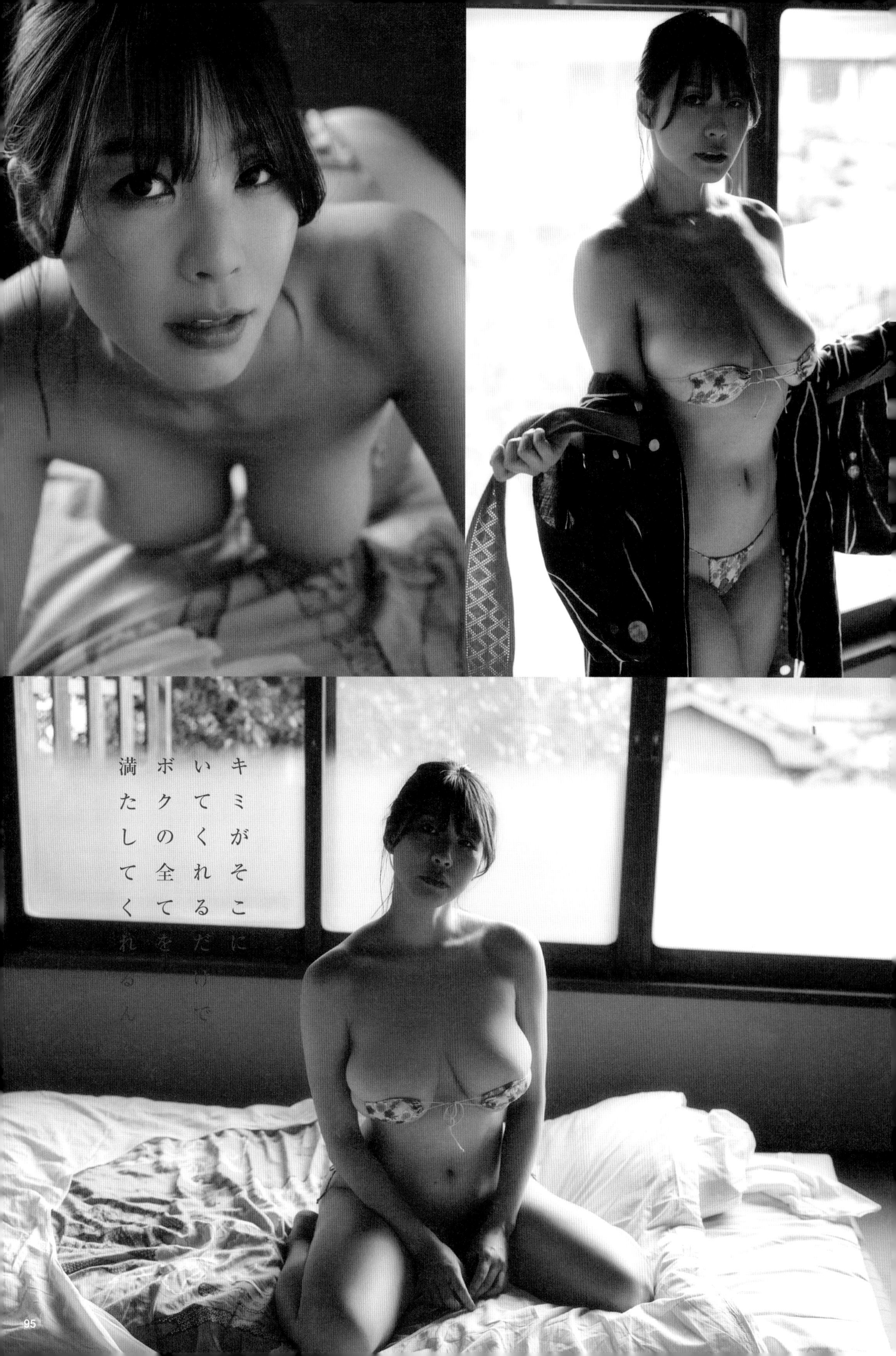

キミがそこに
いてくれるだけで
ボクの全てを
満たしてくれるん

本当のオトナの色香

呼吸が止まり
時間が止まる

一番ステキなプレゼント

もう言葉はいらない…

夏来唯（なつきゆい）
●1994年1月16日生まれ、埼玉県出身 ●身長163cm、B95cm・W65cm・H93cm ●血液型=O ●趣味=ゴルフ ●特技=バスケットボール、書道
X（旧Twitter）=@kiyui_natsu
Instagram=@yyy_nnn07
●夏来唯DVD「最愛シーケンス」（ギルド）絶賛発売中！
スタイリスト ◎ 原めぐみ
ヘアメイク ◎ 花房みなみ

「美の象徴」の夏来唯さん、グラドル名鑑4年連続掲載おめでとうございます！これからも美しさを更に高め、NextStageへ進んでいきます。応援してあげて下さい。

ウラド推薦！

白川のぞみ

Shirakawa Nozomi

北海道で育まれたカラダと、
ミルキーな存在感を
セルフプロデュースできる感性。
北海道に感謝！

Brilliant White

北海道で育まれた白　無垢に美しく輝く白

写真◎佐藤裕之

ボクの掌には収まりきらない

激しくても婉容に

白より白く強い白
何色にも染まらない

のぞみの望みかなう瞬間

白川のぞみ（しらかわのぞみ）
●1999年12月9日生まれ、北海道出身
●身長158cm、B103cm・W58cm・H90cm ●血液型=B型 ●趣味=手先を使うこと、ゲーム ●特技=お家に引きこもること
X（旧Twitter）=@sirakawa_nozomi
Instagram=@sirakawa_nozomi
●白川のぞみDVD「しまんちゅのぞみん」（スパイスビジュアル）絶賛発売中！
スタイリスト ◎ 松田亜侑美
ヘアメイク ◎ 森本美智子

sakiは100天満点 やなパイ再次

柳瀬さき
Yanase Saki

野菜ソムリエの資格を持ち実家は青果卸売業、野菜で創り上げられた⁉グラマラスボディ『やなパイ』の迫力に大人の魅力も加算中♡

写真◎高橋慶佑

オトナ視線
物憂げなのに温かい

肩幅＜乳幅
やなパイ健在です♡

しっとりと絡みつく

柳瀬さき（やなせさき）
●1988年4月23日生まれ、千葉県出身
●身長153cm、B100cm・W63cm・H90cm ●血液型=A型 ●趣味=競輪、ボートレース ●特技=野菜ソムリエ
X（旧Twitter）=@sakiyanase04
Instagram=@yanachan365
●柳瀬さきDVD「僕だけの女神様」（ラインコミュニケーションズ）絶賛発売中！
スタイリスト ◎ 松田亜侑美
ヘアメイク ◎ 矢部恵子

愛嬌抜群なお顔とそのボリューミーなバストは誰もが見たら忘れられないだろう。今もなおグラビア業界を牽引するやなパイこと、柳瀬さきさんの活躍に今年も期待大です！

戌亥推薦！

いつもの笑顔
いつものやなパイ

グラドル名鑑2024

グラドル応援者リスト

支えられてこそ輝く存在がある。
ファンとして、サポーターとして、真っ直ぐな視線で推しのグラドルを応援し続ける者たちここに！

※順不同

天木じゅん♥応援者
ギンギン騎士
じゅんぺー 2SKHB
Mέλι㐂

柳瀬さき♥応援者
戊亥
あおむし
テツザイル
ぽん酢さいだ～？
テンぷ

夏来唯♥応援者
ウラド
SHINZO.N
香川のあっくん

原つむぎ♥応援者
たけちゃん
ミスター
ほそみち
ムーラシア
秀明
ツムゴロウ
むっちゃん、
くちお。
いしちゃん
正行

白川のぞみ♥応援者
S
♡よーすけ♡
家電ナース
ぎょば

神楽坂茜♥応援者
lowlight
蜜柑
ひろし
◇ゆきおとこ◆
ロヒマル

仲根なのか♥応援者
快速急行
グラ好き日記
ダイヤ
だいちゃん
正行

鈴木聖♥応援者
たかな。
ウシドシケイサン
おの
めーたん
鈴木 清子

和地つかさ♥応援者
ムツヒロ
シラさん

未梨一花♥応援者
モアイ
りょうが
レンキ
ユウタニング
☆た る ぼ☆
大都会鶴川＠佐藤直生
りょうや
すぐる
たけうち
正行
せいちゃん

永瀬永茉♥応援者
大野 潤一郎
かーくん

能美真奈♥応援者
加寿誠
アップルシンフォニー
かつ
ゆうきち
ツムゴロウ
まさゆき
ならっち

沢地優佳♥応援者
高野亨

甘妻里菜♥応援者
したっけ

伊藤しずな♥応援者
しゅうじ
WARP
イッチー typeZ

高橋凛♥応援者
にゃんひろ
だいちゃん
正行

青山天南♥応援者
うえぴ～～
ふーさん

夏佳しお♥応援者
いつき 守
つぼちゃん
壷井 加寿誠
たっちー
鶏天うどん
大和屋 ろくた

石井ひなこ♥応援者
こーちゃん
ジェームス

鈴木優愛♥応援者
HANA
ベル METAL
アキバ
ヒューゴ

村上りいな♥応援者
いけたく

成瀬結愛♥応援者
ベル METAL
たかの

広田望愛♥応援者
天精石

江里口さよ♥応援者
かめのすけ

やしろじゅり。♥応援者
沙悟浄悟@スミ
けいいち
さとし
ニコ
タチバナコウジ

美月絢音♥応援者
ミツルウエスト
ケルン

坂元誉梨♥応援者
久 0529
ちーやん

浅川まりな♥応援者
ペペロンチーノ
ぽこぽこぷん

波崎天結♥応援者
けい
濵口慎也
Toshiyuki

風愛ことり♥応援者
こーた

新田ゆう♥応援者
にっちゃんに夢中！
Sesent@
劉承甯 CN Liu

天音りさ♥応援者
よしはろ

鈴原りこ♥応援者
たけぴー
COT

雨宮留菜♥応援者
イズミ マコト

藤乃あおい♥応援者
Hitoshi
ちかご
よしつね
edama
正行

宇佐美彩乃♥応援者
おかだたかひろ
衞藤寿憲
シアノリス